Irene Knoll

Das ewige Brot

Illustrationen von
Johannes Karl Gotthard Niedlich

Altberliner Verlag

Typografie: Hans Spörri, typos*design*
Satz: typos*satz* GmbH, Berlin
Druck und Buchbinderei:
Sachsendruck und Verlag GmbH
Printed in Germany 1991

ISBN 3-357-00358-9

Die Mäusekönigin hatte einen
Sohn geboren, einen winzigen,
mausgrauen Knaben.

Der Vater entsandte seine Boten, damit es überall verkündet würde. Und sobald sich die Königin wieder kräftig fühlte, wurde zum Fest geladen.

Das Mäusevolk strömte herbei. Man freute sich auf ein paar leckere Bissen, denn in den letzten Jahren waren die Sommer dürftig und die Winter grimmig kalt gewesen, und auch die Todfeindin, die Katze, hatte zu wenig zu fressen gehabt und den Mäusen aufgelauert.

Vor Freude über die Geburt des Sohnes, des Thronfolgers, hatte der König großzügig Anweisung gegeben, aus den königlichen Vorratskammern herauszugeben, was entbehrlich war. Viel fand sich sowieso nicht mehr darin – ein wenig ranzige Butter, Brotkrumen und Bucheckern kamen auf die Tafel. Aber man schwätzelte und knusperte und war guter Dinge, und so wurde es doch noch ein vergnügliches Volksfest.

An der Wiege stellten sich indessen des Königs Minister und Ratgeber mit Glückwünschen und Geschenken ein. Es war ja auch eine einmalig gute Gelegenheit, sich der Gunst des Königs zu versichern. So ergingen sich die Herrschaften in schönen Redensarten: wie wohlgebildet das Kind sei und wie sehr es der Majestät ähnele. Ein jeder brachte eine feudale Gabe mit: eine Kutsche mit sechs Laufkäfern, einen goldenen Säbel, eine mit Rubinen besetzte Schärpe, einen Diamanten, um die prinzlichen Zehen zu schärfen, eine Perle für den Mäuseschwanz und viele andere Dinge, die ein Mäusekind dringend braucht.

Gerade, als man die Gläser erhob, um auf das Wohlergehen des kleinen Prinzen anzustoßen, betrat der Bruder des Königs das Gemach. Dem König sträubten sich die Barthaare. Er wußte bestimmt, daß er absichtsvoll vergessen hatte, seinen Bruder einzuladen. Der hatte ihm manchen bösen Streich gespielt, denn er wäre selbst gern König gewesen. Und da dem König bisher nur Töchter geboren worden waren, hatte er gehofft, daß wenigstens einer seiner Söhne die Königswürde tragen würde, denn Mädchen, das wußte man im Mäuseland, waren zu dumm für die Staatsgeschäfte. Wie mußte er sich über die Geburt des Prinzen gegrämt haben, machte sie doch all seine schönen Pläne zunichte. Nun aber verneigte er sich vor dem König und küßte ihm die Hand. Aus schmalen Augen warf er einen Blick auf die Wiege. Dann wandte er sich an den Bruder.

»Majestät«, sprach er, »Euch ist ein Sohn geboren worden, der künftige König. Nehmt meine Glück- und Segenswünsche und dieses bescheidene Geschenk entgegen.«

Er reichte seinem königlichen Bruder eine kleine goldene Kapsel an einer Kette. Der König öffnete die Kapsel und fand darin ein Stückchen Brot.

»Es ist das Wertvollste, was ich besitze«, sagte der Bruder mit gesenktem Blick. »Ich bringe es als Zeichen meiner Demut. Friede sei hinfort zwischen Euch und mir. In dieser goldenen Kapsel liegt ein Stück Brot, das niemals alle wird.«

Man sagte »Ah!« und »Oh!« und trat staunend herzu. Jeder durfte von dem Brot kosten, und wirklich, die Kapsel blieb immer gefüllt. Da schloß der König seinen Bruder gerührt in die Arme.

»Nein«, sagte er, »das darf ich nicht annehmen.«

»Oh doch, ich bitte Euch sehr«, sprach der Bruder, »ich habe viele Fehler gemacht. Ich weiß mir nichts Besseres, Euch und den Prinzen meiner Liebe zu versichern.«

Es wurde Winter. Klein waren die Vorräte, die das Mäusevolk angelegt hatte, wenig fand sich bei der täglichen Nahrungssuche, nirgends ein kräftiges Stück Speck oder ein Wurstzipfel oder auch nur eine Krume Brot. Und mancher kam abends hungriger nach Haus, als er morgens losgegangen war.

Aber der kleine Prinz gedieh dank der Gabe seines guten Onkels. Immer, wenn er Hunger hatte, und das war oft der Fall, nämlich dann, wenn er sich langweilte, und er langweilte sich häufig, öffnete er die goldene Kapsel, die er stets bei sich trug, und knusperte ein bißchen vor sich hin. Seine Augen waren blank und sein Fellchen glänzte, so gut genährt war er. Der Leibarzt stellte dem König vor, daß der Prinz für sein Alter zu beleibt sei. Aber der König winkte ab. »Er ist rundlich, weil er gutmütig ist«, sagte er, »das ist eine schöne Eigenschaft bei einem künftigen Herrscher.«

Der Prinz war nicht besonders gutmütig, aber er war auch nicht unfreundlich. Spielte man Katze und Maus, so war er leicht zu fangen. Mußte er die Katze sein, so konnten sich alle in Sicherheit bringen. Er hörte wohl, wie die anderen Mäusejungen und -mädchen, die Kinder der Minister und die Kinder seines Onkels, hinter seinem Rücken piepsten und über ihn kicherten. Da befahl er andere Spiele, Körnerverteilen zum Beispiel. Wer den größten Kreis um seinen Bauch ziehen konnte, der sollte die meisten Körner bekommen. Oder Wettkampf im Stillesitzen. Das hielten die anderen nicht lange aus.

Wenn sie dann davonstoben, ließ er die sechs Laufkäfer anspannen, setzte sich in seine schöne Kutsche und fuhr, an seinem Brot knabbernd, ein wenig umher.

Manchmal kam sein guter Onkel und streichelte ihm über das seidige Fell und tätschelte seinen runden Rücken. Danach ging er zum König und machte ihm Komplimente über seinen Sohn.

Gern schmückte sich der junge Prinz. Die Perlen in seinen Ohren hinderten ihn zwar, sie flink nach Mäuseart zu bewegen, und die schöne Schärpe saß so knapp, daß er kaum Luft bekam, aber er bemerkte, wie neidisch ihn die anderen betrachteten, und so trug er sie mit Stolz.

Auf dem Mäuseübungsplatz freilich, wenn es über die Eskaladierwände ging oder durch den engen Tunnel, war er den anderen unterlegen. Wieder sprach der Leibarzt beim König vor: »Majestät, der Prinz ist zu unbeweglich. Das ist nicht gesund.« Der König wurde unwillig. Ob er dem Prinzen sein täglich Brot nicht gönne, ja, vielleicht sogar neidisch sei? Was sollte er von einem Arzt halten, der mißgünstig jeden Schritt und Tritt des Prinzen verfolge? Er beriet sich mit seinem Bruder.

»Wir werden einen besseren Doktor für Euren Sohn finden«, versprach der Bruder, und so schickte der König den alten Leibarzt fort. Den Bruder aber setzte er als Ersten Berater des Prinzen ein.

Der Prinz war kein sehr aufmerksamer Schüler. Oft schlief er vor Sattheit ein. Aber das Nötigste lernte er doch, denn seinetwegen wurde das Fach Umweltkunde eingeführt. Die Lehrer zeigten ihm auf Karten, wie die Welt um ihn herum aussah, welche Tiere er fürchten mußte und welche ungefährlich waren. Sie zeigten ihm die Bilder von Ähren, in denen schöne reife Körner lagen, die die anderen Mäuse sammelten, sie zeigten ihm, wo Nüsse wuchsen und wo Bucheckern. Er erhielt gute Zensuren.

Als ein Mäusemädchen einmal sagte, der Prinz sei bloß ein Buchstabengelehrter und könne in Wirklichkeit Katze und Hund nicht unterscheiden, rümpfte er nur hochmütig die gepflegten Schnurrhaare. Das Mädchen erhielt eine Fünf in Betragen. Sie war die Kusine des Prinzen, und ihr Vater entschuldigte sich vielmals für den Unverstand seiner Tochter. Auch das Mädchen sollte um Verzeihung bitten. Als sie vor dem Prinzen stand, zitterte ihr Schwänzchen vor Aufregung, und anstatt zu sagen: »Es tut mir leid«, flüsterte sie: »Du tust mir leid!«

Schnell zerrte sie ihr Vater am Ohr hinaus. Die Lehrer aber wurden angehalten, im Unterricht stärker den Wert der Gelehrsamkeit zu betonen. So paukten die Mäusekinder ihre Lehrsätze auswendig, aber sobald sie aus der Schule hinaustobten, trauten sie doch lieber ihren Näschen, ihren flinken Beinen und ihren guten Ohren. Der Prinz hingegen kannte kein größeres Vergnügen, als in seinem bequemen Stuhl von seinem ewigen Brot zu essen. Und dazu nahm er noch ein wenig Speck.

»Euer Sohn ist ein Jüngling geworden«, so schmeichelte der Königsbruder dem König. »Ihr solltet eine Skulptur von ihm bilden lassen, die ihn dem Volke in seiner üppigen Wohlbeleibtheit und Vertrauenswürdigkeit zeigt.«

»Du hast recht, mein Bruder«, sprach der König, »ich bin alt und werde alsbald von der Krone zurücktreten. Soll das Mäusevolk sich durch das Kunstwerk ein Bild von seinem jungen König machen.«

»Wenn Ihr gestattet, lieber Bruder, so will ich einen Bildhauer mit dem Werk beauftragen.«

Und als der König einwilligte, bestellte der Bruder einen Künstler an den Hof und traf mit ihm seine Absprachen.

»Ich danke, Majestät, für die große Ehre, eine Skulptur des Prinzen gestalten zu dürfen«, so sprach der Künstler, als ihn der König empfing. »Gestattet mir, vor dem Palast, im Freien, zu arbeiten, denn sie soll den Prinzen in Überlebensgröße zeigen.«

»Wird mein Sohn auch nicht zu sehr angestrengt?« fragte der König.

»Keineswegs, Majestät, er muß nur still sitzen.«

So hielt der Prinz ganze Tage lang still. Das konnte er gut. Er hatte sein Brot bei sich und ergötzte sich daran. Jeden Abend fiel es ihm ein bißchen schwerer, sich durch den Eingang des Palastes zu zwängen.

So wurden ein paar Diener befehligt, ihn von innen zu ziehen und von außen zu schieben.

Endlich war das Kunstwerk fertig. Es zeigte den Prinzen in seinem glänzenden graubraunen Fell.

Zur feierlichen Enthüllung aber sollte er Staatsrobe anlegen. Wieder strömte das Volk herbei. Die Minister und Ratsherren mit ihren Familien und der Künstler hatten neben der mit einem weißen Tuch verhüllten Skulptur Aufstellung genommen. Die Majestät und der Prinz – angetan mit seiner Schärpe, die Rubine in den Ohren – traten herzu. Der dicke Prinz war etwas aufgeregt, und es beruhigte ihn, an seinem Brot zu lutschen, das er gar nicht mehr aus dem Munde nahm.

»Ah!« und »Oh!« rief alles, als das Tuch fiel. Aber plötzlich setzte ein schrilles Pfeifen und Piepen ein. In alle Richtungen stoben die Mäuse davon, schlüpften in ihre Löcher, auch der Hofstaat war verschwunden.
»Schnell, Sohn, die Katze!« rief der König und stürzte dem Eingang seines Palastes zu. Aber der dicke Prinz paßte nicht hindurch und schwupp! fraß ihn die Katze mitsamt seinem ewigen Brot.

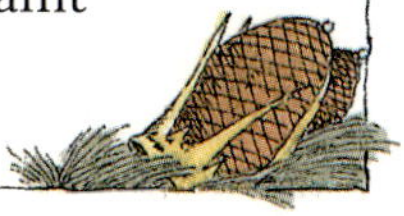

»Du bist alt, Bruder«, so sprach der Königsbruder zum König. »Der Schmerz um deinen Sohn trübt dein Auge und macht deine Hand unsicher. Das Volk braucht einen König, der kräftig ist und wendig und der die Gesetze des Mäuselebens beherzigt. Tritt du nun zurück, und gib den Thron frei für meinen ältesten Sohn.«